AF485273

EL PODER DEL MINDFULNESS

Cómo dejar de pensar demasiado, reducir el estrés y la ansiedad y **vivir el momento presente**

Daniel J. Martin

ISBN 9789916993767

Aviso: Este libro ha sido creado con la intención de ofrecer información, sugerencias y orientación sobre distintas áreas de la vida, entre ellas el bienestar emocional, la salud mental, el crecimiento personal y el desarrollo de relaciones saludables. Sin embargo, no sustituye en ningún caso a la atención médica profesional o al asesoramiento de un psicólogo o terapeuta calificado. Si estás enfrentando problemas serios de salud mental o emocional, te recomendamos que busques ayuda profesional de manera inmediata.

«Entre el estímulo y la respuesta hay un espacio. En ese espacio es donde podemos elegir nuestra respuesta. En nuestra respuesta reside nuestro crecimiento y nuestra libertad.»

— Viktor Frankl

ÍNDICE

¡Un regalo solo para ti!

¿Te gustaría leer **mi próximo libro completamente GRATIS**? ¡Escanea el código que aparece debajo y **apúntate a mi club de lectores**!

Te esperan grandes sorpresas: sé el primero en leer mis nuevos lanzamientos, escucha mis audiolibros de forma gratuita, consigue copias firmadas y dedicadas... ¡y mucho más!

Introducción

A estas alturas, no sé de nadie que no haya oído hablar del mindfulness.

Sin embargo, conozco a muy poca gente que se esté beneficiando realmente de su potencial. Y son muy pocas las personas que saben explicar bien en qué consiste exactamente. ¿Por qué? ¿Qué tiene de misterioso el mindfulness? ¿Es una ciencia oculta? ¿Una religión, una fuerza del más allá revelada solo a unos pocos elegidos?

Por supuesto que no. El mindfulness es mucho más real y racional de lo que la gente cree. No viene del más allá ni de ningún dios extrasensorial: sale de las capacidades de nuestra propia mente y su poder de actuación se «limita» a nuestro sistema nervioso (¡casi nada!). Se puede explicar desde la psicología, la psiquiatría y la neurofisiología, y sus beneficios están demostrados: no es una cuestión de creencias o una moda, es una cuestión de hechos.

Sin embargo, mucha gente fracasa a la hora de acercarse al mindfulness o abandona al poco de haberse introducido en su práctica. Yo mismo era un escéptico hasta comprendí que el mindfulness no es lo que nos han estado vendiendo.

¿Qué es el mindfulness y por qué debería importarte?

El mindfulness es una protección del sistema nervioso. Es la voz tranquila capaz de acallar todo el ruido exterior e interior, todo el caos, toda la incertidumbre y todo el dolor emocional y físico que arrastramos en nuestra vida diaria.

El mindfulness son esas zapatillas cómodas que nos ponemos al llegar a casa después de una jornada ingrata y agotadora. Es esa lente que nos permite enfocar hasta ver la imagen con total nitidez. Es esa sensación de bienestar que nos invade cuando hemos hecho lo que teníamos que hacer.

El mindfulness es la herramienta que nos permite acercarnos a nosotros mismos y reencontrar el camino perdido cuando la maleza ha crecido demasiado. Es la vía de comunicación con nuestra alma, nuestro cuerpo y nuestra forma de ser.

Siendo tan beneficioso, uno podría preguntarse, ¿cómo puede ser que su uso continue siendo objeto de debate?

Porque el mindfulness no es una pastilla que podamos tragar y esperar sus efectos al cabo de media hora. No es un concepto que se lee en un folleto y que funciona por arte de magia. El mindfulness es un proceso de aprendizaje. Y, como todo proceso y todo aprendizaje, necesita de un mínimo de acompañamiento.

Este libro será ese acompañamiento que necesitas para poder entenderlo y, sobre todo, para poder disfrutar de su increíble poder.

Esta guía sobre mindfulness es para ti si:

- Sueles sentir fatiga, ansiedad, estrés o tristeza.

- Vives en «modo supervivencia».

- No has sanado los traumas del pasado.

- No tienes la sensación de ser dueño de tu vida.

- Tienes miedo al futuro.

- Te puede la ira, el resentimiento, la envidia o la impulsividad.

- Llevas años arrastrando la «crisis de los 30», la de los 40 y la de los 50.

- No te gusta tu vida.

- No te gusta en qué te has convertido.

- Has probado el mindfulness y no te ha gustado o no te servido de nada.

Quisiera detenerme en el último punto. Tal vez estés pensando: «¿Cómo el mindfulness va a ser para mí si ya lo probé y no me gustó, o no conseguí nada con él?

Pues porque lo que no te ha gustado es la experiencia o el abordaje que has hecho, no el mindfulness en sí. Me explico: el mindfulness NO es algo que pueda no gustarte. Queda fuera de un juicio por «gustos». Como tampoco puede no gustarte beber agua cuando tienes sed, o que una vieja herida por fin cicatrice y ya no duela. De la misma manera que no puede no gustarte vivir en plenitud o ser dueño de tu vida.

Así que tienes muchos motivos para darle una oportunidad (otra más, quizás) al mindfulness.

Porque ¿sabes lo mejor? Que no pierdes nada por probarlo. No hay contraindicaciones, no hay renuncia a nada. Solo hay aportación y crecimiento, ¡y, encima, es gratis!

Te propongo que te liberes de los prejuicios, si los tienes, y que leas este libro como si nunca hubieras oído hablar del mindfulness.

Si lo haces y evitas juzgar o criticar antes de hora, ya habrás ganado. Pero hay más: si lees este libro con la actitud de un niño, es decir, con la curiosidad propia de quien tiene el mundo por descubrir, te prometo que sentirás un «clic». Sentirás lo que llaman «el despertar», que no es más que la reconexión, por fin, con tu propio yo en paz.

Sea cual sea tu situación personal y tu etapa vital, sean cuales sean tus objetivos a corto y largo plazo, ahora mismo puedes hacer dos cosas: seguir como hasta ahora y esperar un resultado distinto o probar con el mindfulness. Si eliges la segunda opción, verás como, al cabo de muy poco tiempo, las piezas de tu realidad empezarán a encajar. El *big picture*, la gran foto de tu vida, se te revelará ante ti con total claridad. Entenderás cosas del presente, del pasado y del futuro. Y serás espectador privilegiado de la transformación de tu mundo interior y exterior.

La mayoría de nosotros vivimos bajo una presión insoportable. Pero la vida puede ser de otra manera.

Tu vida puede ser maravillosa. Y puede empezar hoy.

¡Respira hondo! Yo te acompaño.

Daniel

CAPÍTULO 1

Qué es y qué no es el mindfulness

Me alegra que tengas este libro entre tus manos y me alegra aún más que te hayas decidido a darle una oportunidad al mindfulness. Tal vez no sea la primera vez que te interesas por este tema, o tal vez tengas prejudicios acerca de sus beneficios reales. Es normal y yo me siento identificado contigo: hace unos años me sentía igual que tú. De hecho, me provocaba mucho recelo comprobar que la gente hablaba de las enormes ventajas de practicar mindfulness, pero no era capaz de explicarme en qué consistía.

Ahora sé que no es necesario saberme de memoria la definición de mindfulness para beneficiarme de su potencial. Porque, en realidad, no hay una sola definición: es más bien un concepto flexible y bastante orgánico, lo que significa que puede entenderse desde distintos puntos de vista.

En términos generales podemos definir el mindfulness como un método para vivir en conciencia y en consonancia con nosotros mismos, poniendo el dolor y el estrés bajo control. Si recuperamos la cita de Viktor Frankl[1] que hay al comienzo del libro, comprobaremos que habla de un espacio entre el estímulo externo y nuestra respuesta. Él afirma que en ese espacio reside nuestra capacidad para elegir la mejor respuesta a este estímulo. Si ese espacio no existe porque nosotros reaccionamos con impulsividad o actuamos guiados por creencias obsoletas o por prejuicios, no somos libres. El mindfulness

---

[1] Viktor Frankl fue un importante neurólogo y psiquiatra austríaco que sobrevivió a tres años de cautiverio en campos de concentración nazis. Su terrible experiencia lo llevó a escribir el bestseller *El hombre en busca de sentido*.

trabaja para crear ese espacio de libertad en nuestra mente.

¿Cómo crea el mindfulness ese espacio de contención entre un estímulo y nuestra respuesta? A través de la meditación como técnica principal (aunque no la única). Con ella entrenamos la mente en centrar la atención y redireccionar los pensamientos. La meditación no es un fin en sí mismo, sino un medio para controlar nuestros propios pensamientos.

Voy con una comparación que a mí me resultó muy útil para entenderlo: imagínate que trabajas en un puesto de reclamaciones. Tu trabajo es atender a cada cliente de forma individualizada, escuchar su queja y ofrecerle la mejor solución que permita tu empresa. El problema es que todos los clientes gritan de la misma forma, se enfadan, no respetan el turno y exigen por igual. Todos creen que su caso es el más importante y urgente, y quieren soluciones al instante. Solo tú puedes decidir qué situaciones son realmente graves, qué clientes tienen más razón al quejarse y qué clientes son unos oportunistas.

Ahora imagínate en tu primer día en ese trabajo: es probable que los gritos te confundan y termines ofreciendo soluciones inadecuadas. Es posible incluso que los clientes que griten más se lleven más atención, aunque su situación no sea de las peores.

Pues bien, esos clientes son todos tus estímulos, externos e internos: el trabajo, la casa, un dolor de cabeza, una llamada inoportuna, un malentendido con tu pareja, un chequeo médico, etc. Y el mindfulness sería el entrenamiento que te permitiría establecer criterios y prioridades para atenderlos correctamente en función de la gravedad y la urgencia.

Hay más maneras de definir el mindfulness, algunas más ortodoxas que otras. Cuando le conté a mi abuela qué era el mindfulness en términos de conciencia plena del aquí y ahora, me contestó: «En mi época a eso lo llamábamos estar por lo que hay que estar». Y me pareció un resumen brillante de más de dos mil años de tradición meditativa.

También se podría decir que el mindfulness es una actitud ante la vida, o una medicina natural. También se habla de *reseteo mental* en términos informáticos y de «despertar espiritual». De hecho, la palabra «Buda» significa «Despierto», y «budismo» se puede traducir como «despertar».

El mono que perdió su anillo

Si todo esto de las definiciones te confunde más que otra cosa, déjame contarte el cuento del mono que perdió su anillo. No te asustes: es muy cortito y entenderás enseguida qué quiero decir con él:

Había una vez un mono muy nervioso que se pasaba el día moviéndose de aquí para allá, saltando de árbol en árbol y sin parar quieto.

Un día le encargaron una tarea: guardar un anillo. El mono se la tomó muy en serio pero, como era tan inquieto, en uno de sus brincos el anillo se le cayó y fue a parar a una charca.

El mono saltó a la charca y empezó a buscarlo pero, al remover el agua para encontrarlo, todo quedó embarrado. Cuando vio lo que había hecho, el pobre mono se alteró tanto que empezó a chillar y gesticular hasta que un búho que pasaba por ahí lo oyó y se le acercó.

Cuando el mono le contó lo que había pasado, el búho dijo:

—Con tus aspavientos, el agua se ha ensuciado y ahora no se ve nada. Tu actitud va en tu contra. Cuando te pase algo así, detente y espera a que todo se ponga en su sitio.

Al cabo de poco, la tierra de la charca volvió al fondo y el agua quedó transparente de nuevo, dejando ver el anillo.

—Allí lo tienes —le dijo el búho al mono.

Supongo que ves por dónde van los tiros.

Mindfulness no es marketing motivacional

Ya lo mencionaba en la introducción, pero vamos a recordarlo.

Tenemos a nuestra disposición una ingente cantidad de información acerca del mindfulness, por lo que, al acercarnos a este concepto, encontramos definiciones de todo tipo, incluidas descripciones erróneas, simplistas o de puro marketing. Por eso me parece importante dejar claro lo que SEGURO que NO es el mindfulness:

- No es sentarse a escuchar sonido de gongs y riachuelos (puede ser eso, pero solo como medio para alcanzar el objetivo).

- No es la renuncia o abandono de los propios problemas y responsabilidades para «vivir sin dolor». Eso más bien es tener una actitud muy infantil e irresponsable.

- No es llenarnos la cabeza con frases motivacionales que quedan bien en las tazas del desayuno pero que son inútiles si no hay un trabajo detrás.

- Tampoco es la procrastinación de las decisiones importantes en base a un «fluir» mágico o a la espera de que un ser superior nos diga lo que tenemos que hacer.

- No es una religión, una creencia o un club de fans de algún *influencer*.

- No es una moda (en todo caso, sería una moda que con 2.500 años de recorrido).

- No es un ataque a la medicina occidental, ni a la sociedad, ni a las religiones tradicionales ni a cualquier otro ámbito de nuestra realidad actual.

- No es pasividad ni sumisión. El mindfulness insta a no reaccionar con impulsividad, lo que no significa que defienda la sumisión a nada ni a nadie.

- No es dejar de ser tú (¡al contrario!).

Vamos a ver brevemente por qué no es nada de esto. Para ello, debemos ir hasta el origen.

De dónde viene el mindfulness

Se considera que el mindfulness es el alma del budismo, una corriente religiosa nacida en el siglo VI a.C. en la región nepalí de Lumbini, tocando a la actual frontera con la India. Por supuesto, el nombre inglés es moderno (apenas tiene sesenta años), pero su nacimiento tuvo lugar hace unos 2.500 años con Siddhartha Gautama, una figura similar a Jesús que se convirtió en el primer Buda e inició con ello la tradición budista.

El objetivo de la práctica budista es alcanzar el estado de iluminación, que es un estado ideal de plenitud (el famoso Nirvana). Para alcanzar ese estado, antes hay que liberarse del sufrimiento humano. Ese sufrimiento surge, según el budismo, de la cárcel que suponen el apego inadecuado y el deseo por las cosas mundanas. Con la adopción de una correcta actitud, una correcta interpretación de la realidad, una correcta conducta y la práctica diaria de la meditación, nos liberamos de esas cadenas circunstanciales y alcanzamos el estado de plenitud donde nada nos produce miedo ni dolor.

El budismo tradicional es una religión que, como el cristianismo y el islamismo, cree en un estado final superior al actual, un elevamiento del alma a un nivel metafísico. Sin embargo, desde el punto de vista no religioso, lo más interesante no es ese estado de plenitud final (el destino), sino el camino o método para lograrlo (el viaje). Es decir: lo más interesante para mí es la vía para trabajar el autocontrol y el autoconocimiento que llevan a la liberación del sufrimiento. Esa vía es el mindfulness.

De Oriente a Occidente: Jon Kabat-Zinn

A medida que creció el interés por la cultura oriental por parte de Occidente, se multiplicaron los estudios sobre el budismo y la meditación. En la década de 1960 se acuñó el término «mindfulness» como traducción al inglés de los conceptos budistas de «atención plena» o «conciencia plena», y en la década de 1970 el biólogo Jon Kabat-Zinn[2] adaptó este concepto a la medicina occidental, demostrando que sus beneficios eran tangibles al margen de las diferencias culturales o religiosas.

Así, siendo profesor de la Massachusetts Medical School, Jon Kabat-Zinn diseñó un programa de reducción del estrés y del dolor crónico de los pacientes de ese hospital basado en la práctica del mindfulness. Ese programa, al que

---

[2] Jon Kabat-Zinn (Nueva York, 1944), biólogo y profesor de medicina en la Universidad de Massachusetts. Su aportación más conocida a la ciencia es la integración de la meditación oriental en la medicina y la psicología occidentales.

llamó MBSR por sus siglas en inglés de *Mindfulness-Based Stress Reduction*, tenía una duración de ocho semanas y empezó a enseñarse a los pacientes del propio hospital de la Universidad de Massachusetts, en el año 1979. Durante esas ocho semanas se entrenaba a los enfermos en la práctica del mindfulness con el fin de hacer más llevaderas sus circunstancias médicas y su dolor físico.

El programa de Jon Kabat-Zinn ofreció resultados incontestables tanto en la reducción del estrés como en el manejo del dolor y de otras condiciones médicas y psicológicas en sus pacientes, por lo que fue adoptado por otros psicólogos y terapeutas. Durante la década de 1980, la práctica del mindfulness se incorporó a las terapias cognitivas y conductuales norteamericanas y se introdujo en las universidades como herramienta para mejorar la concentración de los estudiantes. También se comenzó a utilizar en el ámbito corporativo para aumentar el bienestar en el trabajo y la productividad. Por todo ello, se dice que Jon Kabat-Zinn actuó como puente de la filosofía meditativa entre Oriente y Occidente.

¿Qué es el mindfulness a día de hoy?

El mindfulness es un entrenamiento mental para encontrar la mejor respuesta posible a cada circunstancia. Este entrenamiento mental tiene como objetivo derivar en un hábito casi automático, como el hábito de desayunar, y ello, a la larga, deriva en la mejor forma de ser y estar sobre la Tierra.

La mejor forma de estar sobre la Tierra es estar conectado en el aquí y el ahora. ¿Por qué? Vuelvo a Louise L. Hay: «El poder reside en el momento presente».

El entrenamiento de la mente usa la meditación como técnica principal. Esta técnica consiste en buscar la atención plena, es decir, enfocar la mente en un punto o idea (por ejemplo, la respiración, el sonido ambiente, una visualización concreta, una parte del cuerpo, etc.), obviando todo lo demás. Con ello se pretende acallar el ruido mental, el exceso de pensamientos intrusivos y automáticos, el dolor emocional, la impulsividad, la ansiedad y la confusión que a menudo llevamos encima. De la misma forma que el mono del cuento tuvo que dejar de remover el agua para encontrar el anillo, nosotros tenemos que detener la actividad mental para que la tierra de nuestra charca se deposite en el fondo y el agua vuelva a ser transparente.

Una vez el cerebro está entrenado gracias a los ejercicios de mindfulness, podemos pasar esa filosofía a nuestra realidad cotidiana. Es entonces cuando somos capaces de mantener la correcta actitud frente a lo que sucede ante nosotros en nuestro día a día y frente a todo lo que requiere de nuestra atención y respuesta.

En resumen, y en palabras de Buda[3]: «Calma la mente y el alma hablará».

Mindfulness versus meditación

A menudo estos dos conceptos se confunden y se usan indistintamente, pero hay diferencias entre ambos. Aunque en determinados contextos podemos referirnos al mindfulness como técnica de meditación y al revés, el mindfulness es más que una técnica: el mindfulness es una filosofía de vida que incluye la meditación como parte de él.

El mindfulness es una forma de entender nuestro paso por la Tierra. La meditación es el método con el que entrenamos nuestra mente en esta filosofía[4].

---

[3] A lo largo de la historia del budismo ha habido muchos budas. Cuando hablamos de Buda, sin más, siempre nos referimos al primero.

[4] Cuando hablo de filosofía, lo hago en el sentido más literal de su significado original en griego clásico, que es «amor a la sabiduría». Esa sabiduría es racional, captada y manejada por nuestra mente, y está al margen de creencias, religiones y supersticiones.

Mucho más que una «buena idea»

Una buena idea es aprovechar las horas de sol para tender la ropa y que se seque antes. El mindfulness es mucho más que eso: es una herramienta para mejorar la calidad de vida de cualquier persona que lo practique, sin importar su etapa vital, circunstancias personales, cultura, religión, origen, etc.

Si es tan beneficioso, ¿por qué no hemos adoptado todos esta práctica?

Porque el mindfulness también es un aprendizaje que requiere de un material con el que mantenemos una relación tormentosa: nuestro propio tiempo. El mindfulness requiere dedicación y constancia, y eso es radicalmente opuesto a obtener resultados de forma inmediata, que es lo que se espera hoy día de todo. Pero, de la misma forma que a nadie se le ocurre quejarse de un curso de inglés porque después de la primera clase no habla ese idioma, tampoco debemos quejarnos o abandonar el mindfulness porque, tras la primera semana de practicarlo, seguimos igual. Todos sabemos que aprender cualquier actividad requiere tiempo y práctica. El mindfulness no es una excepción.

¿Y qué necesitamos para introducirnos en la práctica del mindfulness?

- Tiempo regular y constante (bastan de 5 a 10 minutos al día para empezar).

- Un espacio determinado (aunque, una vez se domina, se puede practicar en cualquier parte y circunstancia).

- Una libreta o diario (no es obligatorio, pero es muy efectivo).

Resumen del capítulo

– El mindfulness no es una moda, una religión o una renuncia a la propia realidad: es un método de entrenamiento mental para controlar nuestros propios pensamientos y emociones.

– El mindfulness no ofrece frutos inmediatos, como tampoco lo hace una semilla acabada de plantar.

– El mindfulness tiene su origen en las prácticas de meditación budistas, aunque puede usarse al margen de toda connotación religiosa o cultural.

– El mindfulness es una actitud concreta hacia la vida. Esa actitud tiene que ver con nuestra relación con nosotros mismos y con la realidad que nos rodea.

CAPÍTULO 2

Qué puede hacer el mindfulness por ti

Se ha demostrado que la práctica del mindfulness ejerce poderosos beneficios sobre nuestra salud física y mental. Estos beneficios no han sido «descubiertos» por gurús de la espiritualidad moderna, o *celebrities*, o líderes religiosos: están avalados desde la ciencia por numerosos estudios, incluido el del pionero Jon Kabat-Zinn.

A continuación, te dejo una lista de algunos de los beneficios que aporta la práctica del mindfulness:

- Reduce el estrés (implicando la mejora del descanso y la reducción de la ansiedad).

- Mejora la concentración y la atención en los estudios, el trabajo, la relación con el entorno, etc.

- Aumenta la claridad mental, lo que permite tomar mejores decisiones.

- Mejora el bienestar emocional y aumenta la autoestima, ya que también es un método de autocuidado emocional.

- Entrena las habilidades de gestión de las emociones, lo que se traduce en una mejor autorregulación de la ira, el resentimiento, la tristeza, la envidia...

- Fomenta la resiliencia y la capacidad de afrontamiento del dolor.

- Fomenta la autoconfianza hacia el futuro.

- Facilita el encuentro y la valoración de las propias virtudes, es decir, el autoconocimiento.

- Potencia la creatividad y la productividad.

- Mejora las relaciones interpersonales y la empatía.

- Facilita la gestión de la culpa, la vergüenza y los traumas del pasado.

- Reduce la reactividad, los prejuicios y los juicios automáticos.

- Reduce la disociación en trastornos y condiciones mentales como el TEPT [5], la depresión, la gestión de los ciclos del trastorno bipolar, etc.

- Reduce la impulsividad en personas con TDAH[6].

- Promociona una mayor aceptación y compasión hacia uno mismo y hacia los demás.

- Ayuda a gestionar situaciones de crisis o urgencias.

---

[5] Trastorno de Estrés Post Traumático.
[6] Trastorno por Déficit de Atención e Hiperactividad.

He separado los beneficios en puntos independientes, pero lo cierto es que están vinculados: cuando consigues reducir el estrés, inmediatamente tienes más claridad mental para tomar mejores decisiones. En cuanto empiezas a disfrutar de los resultados de esas mejores decisiones, aumenta tu autoestima y seguridad en ti mismo. Eso conlleva la reducción de la tristeza, la ira, el resentimiento, etc. ¡Y no hay ni una sola desventaja! No hay efectos secundarios, contrapartidas, renuncias ni contraindicaciones. Lo peor que te puede pasar si lo practicas es... ¡Nada! ¡Y ya hemos dicho que practicarlo es gratis!

No creo necesario aportar ejemplos de cada uno de los puntos anteriores porque me parece que queda claro. Sin embargo, sí suelo mencionar un caso concreto que me parece muy ilustrativo de los beneficios del mindfulness: el caso de Ram Prakash.

El caso de Ram Prakash o cómo el mindfulness puede salvar vidas

Ram Prakash es un estadounidense de origen indio que estaba trabajando en el World Trade Center de Nueva York la mañana de los atentados del 11 de septiembre de 2001. En concreto, este ingeniero hoy retirado, se encontraba en la planta 64 de la Torre Norte cuando tuvo lugar el doble ataque.

Tras los impactos de los aviones, los miles y miles de personas que había en ambos edificios sabían que algo terrible estaba ocurriendo, pero no sabían qué ni dónde exactamente. El pánico se apoderó de la gente cuando el humo empezó a llenar los espacios, cayeron escombros de los techos y el aire se volvió irrespirable. Aquel caos atrapó también a Ram Prakash. Sin embargo, este es su testimonio[7]:

---

[7] Testimonio recogido en *El poder de nuestra presencia*, de Miriam Subirana (Editorial Lairós).

«El edificio empezó a temblar. Los cristales se rompieron y el metal de las paredes cayó sobre nosotros. Pensamos que era un terremoto. Reaccioné con bastante calma. (...). Bajamos treinta pisos atravesando un humo espeso que apenas nos dejaba respirar. (...). Yo guie a mi grupo. Practico la meditación desde hace 17 años. Los ejercicios de respiración me fueron muy útiles para controlar la sensación de ahogo. La meditación me ayudó a estar más relajado y a afrontar los hechos con más calma. Eso hizo que los demás me siguieran. (...).

Al caer la Torre Sur habíamos llegado al piso 20 y escuchamos otra gran explosión. Todo el edificio sintió la sacudida que nos tiró al suelo. En ese momento supimos que algo espantoso estaba pasando. Nuestra salida se hacía cada vez más lenta y desesperada, el aire era irrespirable, la gente gritaba y lloraba.

Yo conseguí mantener la calma. (...). A mis compañeros les decía que fueran valientes, los animaba para que mantuvieran la fe y la confianza. Yo mismo estoy sorprendido de haber podido respirar de una forma casi normal y haber podido guiar a la gente a través del humo y los escombros. Me sentía ajeno a aquella catástrofe, como si estuviera fuera de la escena. (...)»

Eso hombre no fue presa del pánico ni echó a correr, arrollando a su paso a otra gente: salvó su vida y la de un montón de hombres y mujeres a los que transmitió serenidad y control. Y lo hizo gracias a su entrenamiento en mindfulness.

¿Necesitas una prueba más sólida que esa para animarte a probar?

¿Dónde tienes la cabeza?

Estoy convencido de que a ti también te han dicho, o te has dicho a ti mismo, eso de «¿dónde tienes la cabeza?». Cuando se te olvida algo importante que se suponía que no se te iba a olvidar, cuando vas a la cocina y no recuerdas a qué has ido, cuando te equivocas en cosas que sabes hacer perfectamente, etc. ¿Dónde está tu cabeza cuando sucede todo esto? Está en las nubes o atascada en otros pensamientos que en ese momento no deberían ocuparla.

Se dice que tenemos unos sesenta mil pensamientos al día. ¡Y eso en condiciones normales! Imagínate si encima te da por sobrepensar (*overthinking*), o actúas bajo los efectos de la ansiedad. ¿Cómo no vas a sentirte abrumado por tu propia actividad mental? ¿Cómo no vas a tomar malas decisiones en esas circunstancias? ¿Cómo demonios puedes diferenciar los pensamientos útiles del ruido? Es imposible, a menos que entrenes tu cerebro a hacerlo.

El objetivo final del mindfulness es dominar el impulso de reaccionar sin pensar, o de seguir patrones de conducta obsoletos que mantenemos solo porque no hemos pensado racionalmente en ellos. Con el mindfulness, creamos el espacio entre el pensamiento y la acción que mencionaba Víctor E. Frank. Es entonces cuando somos capaces de ver las opciones que tenemos y de tomar decisiones sin dejarnos llevar por la ansiedad, el pánico o el piloto automático. Si nos perdemos en pensamientos y emociones, perderemos el ancla del momento presente, que es el único momento en el que podemos actuar.

En defensa del pánico y de la ansiedad

Déjame hacer un breve alegato en defensa de la ansiedad, el pánico y el piloto automático.

Estamos de acuerdo en que la ansiedad y el pánico son horribles. Te sumergen en un estado de total confusión, pavor, desesperación, miedo, bloqueo, incapacidad para actuar y un enorme sufrimiento. Y eso sin mencionar todas las reacciones fisiológicas que provocan, algunas de ellas tan intensas que las confundimos con ataques al corazón o locuras transitorias. No es extraño que algunas personas terminen en urgencias por un «simple» ataque de ansiedad.

Sin embargo, tanto la ansiedad como el pánico, en el fondo, llevan buenas intenciones: su objetivo no es perjudicarnos (aunque lo hacen), sino avisarnos de un peligro inminente. ¿Por qué luchamos contra ellos entonces? ¿Y por qué, si lo que quieren es protegernos, son tan contraproducentes?

La ansiedad, es un mecanismo de defensa que te avisa de que algo va mal. En este sentido, hay que defender su utilidad porque ella solo actúa como mensajera. Así que la ansiedad, objetivamente, es positiva. Lo que ocurre es que el mensaje se transmite de forma muy desagradable y paralizante, y a menudo en situaciones que no suponen un peligro real: conozco casos de gente que ha terminado en el hospital por un ataque de ansiedad que empezó cuando esa persona estaba en el sofá de su casa y sin ningún peligro a la vista. Eso ocurre porque su sistema nervioso está alterado por sucesos anteriores y ahora se mantiene hipervigilante. De alguna manera, le está pidiendo que no olvide que debe «arreglar» algo. Sin embargo, la persona confunde los síntomas («¿cómo va a ser un ataque de pánico si estoy tan tranquilo en el sofá de mi casa? ¡Esto es un ictus!»), y termina en el hospital creyendo que puede morir.

No debemos ignorar la ansiedad ni tampoco obsesionarnos con ella. Pero si no somos capaces de interpretar sus avisos y lo que hacemos es frustrarnos y agotarnos por los síntomas que nos provoca, nunca viviremos en paz. Debemos atender la ansiedad, escucharla, de lo contrario esa ansiedad se transforma en otra cosa: en dolor físico, en problemas de salud, en fobias, depresión, trastornos de estrés post traumático, etc. El mindfulness nos ayuda a buscar el equilibrio entre atender a nuestra ansiedad (como mensajera y protectora), y sucumbir a ella.

En cuanto al piloto automático, su función es parecida: es un intento del cerebro de no estresarte ante la perspectiva de tomar decisiones bajo presión. Sin embargo, el piloto automático entraña riesgos a la hora de conectarnos con la realidad. En este caso, el mindfulness se presenta como su mejor sustituto.

El mindfulness no solo termina con los ataques de ansiedad o los errores provocados por el piloto automático: es capaz de reequilibrar todo nuestro sistema nervioso para que no viva en guardia permanente. En vez de huir o ignorar la realidad para que no nos atormente, el mindfulness insta a aceptarla sin juzgar. Por mucho que nos desagrade, por mucha ansiedad que nos provoque, nuestra realidad es la que es, y ningún cambio será posible si no la aceptamos sin juzgarnos, avergonzarnos ni castigarnos por ella.

Por qué cuesta tanto entrar en el mindfulness

Para terminar este capítulo, quiero contarte que yo, cuando empecé a practicar el mindfulness, me sentía fuera de lugar: las posturas para la meditación me parecían incómodas, la música relajante me ponía más nervioso que otra cosa, el incienso, el vocabulario esotérico... Todo me provocaba rechazo. Lo que yo quería era *ir al grano*. Quería los beneficios del mindfulness ya, sin todo ese *rollo*. Y me costó entender que, como en todo, no se puede ir al grano sin antes hacer cierto recorrido.

Mucha gente, cuando da sus primeros pasos en el mindfulness, se pregunta: «Si lo que quiero es que mi pasado deje de abrumarme, ¿por qué debo perder el tiempo escuchando una voz en un podcast que me habla del agua de la lluvia y otras tonterías?».

Pues porque para aprender a hablar con tu yo más profundo o gestionar tu pasado, debes empezar por cosas muy sencillas y que entren de forma natural. Sonidos relajantes, espacios cálidos, luces tenues, la voz de alguien pidiéndote que cierres los ojos... Son elementos nada amenazantes y con los que difícilmente vas a angustiarte. La idea es ir de lo fácil a lo difícil. Acuérdate de Ram Prakash. ¿Crees que en aquella situación extrema él se puso a escuchar pajaritos para encontrar la respuesta? Claro que no. ¡Pero es que él ya llevaba muchos años de entrenamiento!

Una vez estés entrenado, tú también podrás beneficiarte del mindfulness en cualquier momento y situación. Solo debes tener un poco de paciencia al comienzo. Y si te cuesta superar ese primer paso, tómatelo como si fuera un idioma nuevo. Eso es lo que yo hice. Cuando empiezas a estudiar un idioma nuevo, dedicas muchos ratos a frases simplonas y repetitivas, como «hola, mi nombre es Daniel. Voy en autobús por las mañanas», «¿Cómo te llamas?», «Yo me llamo Daniel. ¿Vas en autobús?», «Sí, voy en autobús por las mañanas». Es cansado y repetitivo, pero es la manera de hacer entrar el idioma en tu mente, de familiarizarla con lo nuevo. El mindfulness es igual.

Resumen del capítulo

– Los beneficios del mindfulness sobre la salud física y mental están probados científicamente.

– El mindfulness reduce el estrés, la ansiedad y la depresión, y potencia la concentración, la toma de buenas decisiones y el autoconocimiento.

– El mindfulness nos permite adoptar una actitud más inteligente y madura frente a nuestra propia vida y a la realidad.

– El mindfulness neutraliza el pánico y la ansiedad porque no insta a ignorarlos, sino a escucharlos.

– Al comienzo, la práctica del mindfulness puede parecer rara, esotérica o ridícula: del mismo modo que aprendemos un idioma a base de repetir frases que luego podremos usar en el contexto adecuado, el mindfulness usa ejercicios de meditación para entrenar la mente.

El puente entre cuerpo y mente

Existe un puente entre el cuerpo y la mente. Un puente que conecta nuestras experiencias físicas y cognitivas. Este puente es el sistema nervioso

El sistema nervioso es la red de células y tejidos que se encargan de gestionar la información recibida y de elaborar las respuestas en base a esta. ¿Qué información? ¡Toda! La que proviene del exterior a través de nuestros sentidos y la que proviene de nuestro interior. ¡Incluso las respuestas que el sistema nervioso elabora se convierten en información para el propio sistema nervioso!

Vamos a ver los principales tipos de información que maneja este sistema que es como un gran servidor informático:

- Información sensorial. La que es captada por nuestros sentidos: un grito, un objeto, un pinchazo en la piel, una caricia, una comida sabrosa, etc.

- Información corporal. La que el organismo reporta al cerebro acerca de su estado: temperatura, presión sanguínea, falta de alimento, deshidratación, posición y equilibrio corporal, falta de sueño, etc.

- Información de la propia mente. Nuestra hemeroteca personal: la memoria, el aprendizaje, la experiencia, los pensamientos, las creencias y otros procesos cognitivos.

- Información social. La que posibilita nuestra comunicación con los demás: lenguaje verbal y no verbal, reconocimiento de rostros familiares, seguimiento de convenciones sociales, etc.

De cómo interprete y gestione nuestro sistema nervioso la realidad dependen nuestro estado de ánimo, nuestras emociones, nuestro comportamiento y nuestras acciones. Y al revés: en función de nuestra experiencia previa podemos interpretar la realidad de una manera o de otra.

El sistema nervioso gestiona también la liberación de ciertas hormonas que seguro que te son familiares: la adrenalina, el cortisol, la dopamina, la serotonina, las endorfinas, etc. Estas hormonas son sustancias químicas que actúan como neurotransmisores e intervienen en la transmisión de mensajes entre las células nerviosas.

Es más sencillo de lo que parece: imaginemos que nuestro cuerpo es una red de canales similar a la de Venecia y que el sistema nervioso son las góndolas y barquitas que navegan por esos canales. Supongamos que esas barcas son mensajeras y su trabajo es entregar y recoger paquetes de un punto a otro con información sensorial, corporal, social, etc. Todo este proceso de transmisión de información es automático y poco o nada podemos hacer para cambiarlo: si nuestro oído capta una melodía, la va a transmitir al cerebro tanto si queremos como si no (una barquita se va a encargar de llevar la información del oído al cerebro sin que nosotros lo hayamos decidido).

Sin embargo, hay algo sobre lo que sí podemos ejercer cierta influencia: el agua por donde esas barquitas navegan. Si el agua está calmada, las góndolas harán su trabajo sin dificultad. Si el agua está revuelta, con olas, etc., las barquitas lo tendrán más difícil. Si el nivel del agua está demasiado bajo, las barquitas pueden encallar, si está demasiado alto, se desbordará, etc.

El agua son los neurotransmisores que hemos mencionado: dopamina, serotonina, adrenalina, etc. Una correcta liberación de cada uno de ellos mantendrá las aguas en buen estado y todo el sistema nervioso funcionará bien. Si la liberación de esos neurotransmisores no es óptima, el sistema nervioso trabajará bajo presión, estará siempre en alerta y elaborará continuamente respuestas a situaciones de peligro, de agotamiento mental, etc. Como consecuencia, parte de la información se perderá por el camino o llegará tarde o en mal estado.

Nosotros, a través del mindfulness, podemos influir en el estado de esas aguas. No siempre tendremos la última palabra pero, cuanto más entrenados estemos en la práctica del mindfulness, más capacidad de actuación tendremos sobre las aguas de nuestro sistema nervioso para que estén calmadas. Digamos que el mindfulness tiene el poder de «mostrar» al cerebro qué cantidad de hormonas liberar o en qué momento es mejor liberarlas para que las aguas estén navegables.

El triángulo pensamientos – emociones – acciones

El sistema nervioso es el responsable de elaborar nuestras respuestas ante la interpretación de los estímulos externos. Las respuestas emocionales dan paso a creencias y pensamientos que conllevan a acciones, y al revés. Los tres elementos forman un circuito cerrado:

- **Pensamientos:** Son los procesos mentales y las conclusiones de toda la información que vamos recibiendo del exterior y que nuestro cerebro interpreta, organiza, almacena y recupera para usos posteriores. Incluyen aprendizajes, recuerdos, hábitos, juicios, creencias, ideas, etc.

- **Emociones:** Son las respuestas subjetivas y las reacciones afectivas que experimentamos en relación con los estímulos y su interpretación mental: tristeza, felicidad, ira, sorpresa, asco, alegría, amor, etc. Ante un hecho inesperado, solemos experimentar sorpresa, ante una provocación, solemos experimentar ira.

- **Acciones:** Son nuestro comportamiento observable, las conductas que llevamos a cabo de forma consciente y voluntaria en respuesta a nuestras emociones y pensamientos. Las acciones pueden incluir tanto comportamientos verbales como no verbales, y son una forma de comunicación y expresión.

Estos tres elementos transitan por los canales de nuestro sistema nervioso en todas direcciones: no solo nuestros pensamientos y emociones influyen en nuestras acciones, sino que también nuestras acciones pueden influir en los otros dos. De esta forma, si nos enfrentamos a una situación que nos produce miedo (o estrés, ansiedad, agotamiento, sensación de insuficiencia, etc.), pero logramos superarla con éxito, este hecho puede cambiar nuestra percepción de nosotros mismos y generar emociones positivas. Con ello, aporta nuevos recuerdos en referencia a esta situación distintos a los acumulados en el pasado.

Imagina que tienes miedo a hablar en público. Este miedo se debe a pensamientos negativos y temores acerca de cometer errores, ser juzgado o no ser capaz de comunicar tus ideas de manera efectiva. Estos pensamientos generan emociones de miedo y ansiedad. Un día, tu trabajo te requiere dar una presentación importante. A pesar de tu miedo, decides enfrentarte a la situación y preparas meticulosamente tu presentación. Cuando llega el momento, logras dar tu discurso con éxito, y recibes buenos comentarios de tus colegas y superiores.

Esta acción de enfrentarte a tu miedo y tener éxito en la tarea cambia tu percepción de ti mismo. Los pensamientos negativos iniciales son reemplazados por otros más positivos, como "soy capaz de hablar en público" o "manejo bien las presentaciones". Estos nuevos pensamientos generan emociones positivas de orgullo, satisfacción y autoconfianza.

Además, esta experiencia exitosa proporciona un nuevo recuerdo que puede influir en cómo enfrentas situaciones similares en el futuro. La próxima vez que te enfrentes a hablar en público, recordarás esta experiencia y podrías sentir menos miedo o ansiedad, ya que ahora tienes un recuerdo de haberlo hecho bien en el pasado.

Por otro lado, un pensamiento distorsionado, una creencia irracional, pueden conducirnos a sentir emociones que son totalmente reales (como el miedo o la tristeza), pero que responden a algo que no lo es.

Supongamos que tienes una creencia irracional de que todos tus compañeros de trabajo te desprecian, a pesar de que nunca te han tratado mal ni te han dado razón para pensar de esa manera. Este pensamiento distorsionado puede ser el resultado de la baja autoestima o de experiencias pasadas en otros contextos, pero no tiene base en tu realidad actual.

A pesar de que esta creencia no se basa en hechos objetivos, puede provocarte emociones muy reales. Puedes comenzar a sentirte ansioso, triste o incluso paranoico en el trabajo, interpretando neutralidad o incluso amabilidad como hostilidad. Puedes comenzar a aislarte debido a estos sentimientos, lo que podría hacer que tus relaciones con tus compañeros de trabajo se deterioren realmente, creando una profecía autocumplida.

En este caso, las emociones de miedo y tristeza que sientes son respuestas a un pensamiento distorsionado, no a una realidad objetiva. Aunque tus emociones son auténticas y poderosas, están respondiendo a un escenario construido por tu mente, en lugar de a lo que realmente está ocurriendo en tu entorno de trabajo.

Si controlamos nuestros pensamientos, controlamos nuestras acciones y emociones. El dominio de estos tres elementos nos permitirá modelar nuestra vida de acuerdo a cómo deseamos y merecemos vivir. Evita ceder el control sobre estos aspectos, y serás el único y verdadero arquitecto de tu destino.

Resumen del capítulo

–   El sistema nervioso es el encargado de recibir la información, interpretarla y elaborar respuestas de acuerdo a ella.

–   Este proceso de gestión de la información da lugar a un circuito cerrado en forma de triángulo entre pensamientos, emociones, acciones.

–   El mindfulness tiene la capacidad de influir sobre ese triángulo para que tanto pensamientos como emociones y acciones estén más en sintonía con la realidad y con nuestro propio ser.

–   Si controlamos ese triángulo, viviremos como queremos y merecemos vivir, pase lo que pase.

CAPÍTULO 4

Preparando el terreno

Estamos a punto de entrar en modo mindfulness. Para ello, debemos comprometernos a adoptar un cambio de actitud. Es el siguiente: a partir de ahora, tenemos que ser espectadores neutrales de lo que nos rodea. Eso no significa rendirnos a la inacción o conformarnos con todo. Significa no tomarnos la realidad de forma visceral o personal, sino estar dispuestos a observarla y aceptarla como es. ¿Por qué? Porque mientras no estemos entrenados en aceptar el momento presente, la realidad, tal y como es, no tendremos el poder y la libertad de actuar en consonancia con ella.

¿Recuerdas el testimonio de Ram Prakash? ¿Recuerdas cómo explicó que observaba la situación como si fuera una escena de la que él no formaba parte? Pues bien, esa es la actitud de espectador que debemos adoptar.

Observar sin absorber

Cuando estamos en modo mindfulness, observamos la realidad sin juzgarla, sin reaccionar y sin tomar partido en ella (insisto: no tomar partido no significa estancarse o resignarse, significa no perder el tiempo peleándonos con la realidad).

Cuando aceptamos la realidad que estamos viviendo en cada momento, incluso si no la comprendemos o nos parece injusta, nos ahorramos un montón de energía que normalmente perdemos en las primeras reacciones. Ram Prakash aceptó la espantosa realidad que lo rodeaba sin reaccionar visceralmente a ella. ¿Significó eso que se conformaba con esa realidad, o que le parecía justa? Por supuesto que no. Pero aceptarla le sirvió para mantener la calma y entender lo que debía hacer sin derrochar energía inútilmente.

Aceptar no significa estar de acuerdo

Aceptar que una parte de nuestra realidad –actual o pasada– no nos gusta o nos hace daño significa decir: «Ahora mismo, esto es lo que hay». Probablemente, Ram Prakash respiró hondo, controló sus emociones y se dijo algo así como: «Esta es la realidad que observo. No sé qué sucede ni por qué, pero entiendo que debo ponerme a salvo. Voy a enfocarme en esto para hacerlo de la forma más eficaz posible, sin dejar de ser lo que soy: un hombre íntegro». Eso posibilitó que ese hombre salvara su vida y la de otra gente sin actuar con descontrol ni arrollando a los demás en su huida.

Un ejemplo mucho más cercano de aceptar una realidad que no nos gusta sería que nuestros vecinos pusieran la música alta a la una de la madrugada. Seguro que la situación nos pondría de muy mal humor. Aceptar esa realidad pasaría por no perder los nervios y no culpabilizarnos por no ser capaces de «imponernos a los vecinos», si es el caso. Aceptar sería decir: «Los vecinos me están molestando con su música a la una de la madrugada. Es una falta de respeto. Veamos qué puedo hacer para que bajen la música sin que la situación vaya a más y sin que yo haga de esto un tema personal».

Cuanto más nos tomamos las cosas de forma personal, más estrés sufrimos. Cuanto más estrés llevamos, más agotados estamos y menos capacidad tenemos de defender nuestros intereses y nuestro bienestar.

Pongamos otro ejemplo más delicado: alguien nos falta al respeto de forma reiterada y deliberada. Ese alguien puede ser nuestro jefe, un familiar o un desconocido en un restaurante. En este caso, por supuesto, aceptar no significa aguantar. Aceptar es solo registrar lo que está ocurriendo. ¿Cómo puedo aceptar tranquilamente que alguien me provoque? Pues tal cual. Tanto el hecho en sí como todas las emociones que esa situación nos provoca (rabia, impotencia, ira, vergüenza, culpa, etc.), deben ser observados fríamente sin implicación personal.

Entonces, ¿no me puedo defender ante una injusticia o una provocación? Claro que puedes, es más: ¡debes defenderte! Pero el primer paso es no dejarse llevar por la impulsividad. Entre otras cosas, porque la gente irrespetuosa, conflictiva, provocadora, etc., está esperando nuestra reacción visceral para ponernos en evidencia. Así que cualquier estrategia o respuesta por nuestra parte que implique mantenerse calmado es un paso hacia el éxito. A partir de ahí, pensaremos la mejor manera de abordar el asunto desde nuestro yo, y no desde sus intenciones.

No puedes controlar lo que sucede a tu alrededor. Y no puedes controlar las emociones que eso te genera. Pero sí puedes controlar tu reacción. Sea cual sea tu respuesta, nunca debe ser consecuencia de una pérdida de control por tu parte. Así es como pierdes.

Aprender a elegir las batallas

La aceptación de la realidad por vía del mindfulness también nos enseña a elegir nuestras batallas. La vida está llena de ellas y es imposible ganarlas todas: por eso, debemos aprender a decidir qué batallas es mejor abandonar. Por ejemplo: qué discusiones no merecerán nuestro esfuerzo y energía, qué personas no tendrán nuestra atención por mucho que lo intenten, qué críticas ignoraremos o de qué problemas decidiremos no ocuparnos por ahora o nunca. Con el tiempo, pequeñas batallas que antes nos producían mucho estrés (por ejemplo, una rivalidad en el trabajo, la preocupación por ofrecer una buena imagen a todo el mundo, el querer controlar el qué dirán, etc.), en el futuro ni nos inmutarán.

Con ello, podremos mantener el foco en las batallas que sí estamos obligados a librar. En vez de pelearnos con la realidad desde que nos levantamos hasta que nos acostamos, sabremos qué objetivos tenemos y qué objetivos nos gustaría conseguir pero que, de momento, no podemos perseguir.

Dónde estás tú y dónde está tu bienestar

Es momento de analizar tu situación actual. Para ello, te voy a pedir que elabores una lista por escrito de cosas por las que estar agradecido a día de hoy y otra lista con las cosas que te gustaría cambiar. En esta segunda lista deben aparecer las cosas que te producen dolor físico y emocional.

Te pongo algunos ejemplos y verás por dónde voy.

Cosas por las que estar agradecido:

- Salud.

- Trabajo.

- Ser capaz de amar y de cuidar de los míos.

- Ser amado por mi pareja y mi familia.

- Ser capaz de alegrarme por las cosas de la vida.

- Vivir en un lugar donde no hay guerras ni matanzas.

- Tener buenos amigos (muchos o pocos).

- Tener las siguientes cualidades: (pon las que consideres importantes y de las que estés más orgulloso).

Cosas que me producen dolor:

- Aquello que ocurrió en mi último año de instituto / en mi infancia / hace diez años.

- Que mi jefe /padre / pareja no me valore.

- Llevarme mal con x persona.

- No haber ido al extranjero / hecho x cosa cuando tuve la oportunidad.

- Esta enfermedad o dolencia: (escribe las circunstancias de salud que te producen sufrimiento).

- Haber perdido la confianza de x persona.

- No ser atractivo.

- No ser rico.

- Los siguientes defectos: (enumera los rasgos de ti mismo que te avergüenzan o te gustaría cambiar).

Por experiencia, sé que las cosas que nos producen más dolor son también las que más nos avergüenzan. Suelen ser cosas que nos superan, que nos hacen sentir insuficientes, humillados o culpables y que llevamos tiempo tratando de olvidar o de reparar. Estas cosas son las que debemos empezar a observar como espectadores si queremos cambiar nuestra relación emocional con ellas. Es el único camino para dejar de sufrir y, tal vez, en el futuro, poder cambiarlas.

Nuestra rutina de higiene mental

Antes de pasar al capítulo siguiente, me gustaría que entendieras la práctica del mindfulness como una rutina de higiene más. Igual que te cepillas los dientes, te duchas o limpias tu casa, debes dedicar unos minutos diarios (cinco, por ejemplo), a preparar tu mente cada mañana antes de pasar a la acción. Incluso antes de levantarte de la cama. Unos minutos de reflexión cuando abres los ojos cada mañana y recuerdas quién eres, dónde estás y qué te espera ahí fuera.

Recuerda que, de la misma forma que cepillarte los dientes una vez en la vida o una vez al mes no va a protegerte de las caries, la falta de constancia en el mindfulness tampoco te va a ayudar a alcanzar tu bienestar: hacerlo una vez está bien, pero los verdaderos beneficios se obtienen por repetición.

Resumen del capítulo

– Para entrar en modo mindfulness, debemos cambiar de actitud frente a la realidad. Nuestra actitud debe ser la de observar en vez de absorber.

– La aceptación de la realidad está en la base del mindfulness.

– «Aceptar» no significa «estar de acuerdo», solo significa no negar la realidad ni permitir que el dolor que nos produce nos impida crecer.

– No podemos controlar la realidad que nos rodea ni las emociones que nos genera. Pero sí podemos controlar nuestras reacciones.

– Es buena idea crear una lista con todas las cosas por las que podemos estar agradecidos a la vida y otra lista con las cosas que nos producen dolor físico y emocional. El mindfulness nos ayudará a ampliar la primera y a reducir la segunda, ya sea encontrando soluciones o gestionando mejor nuestra relación con las cosas que nos torturan y que parece que no tienen solución por el momento.

CAPÍTULO 5

10 ejercicios de entrenamiento en mindfulness

Cada uno de los siguientes ejercicios tiene por objetivo entrenar la mente para que «nos escuche». Te propongo que elijas uno o varios de ellos y te comprometas a realizarlos a diario. Como ya hemos comentado, el mindfulness es una técnica de entrenamiento y para dominarlo hay que dedicarle tiempo y disciplina. Recuerda que una de las grandes ventajas del mindfulness es que puedes practicarlo en cualquier lugar y en cualquier momento sin necesidad de equipamiento o material específico.

En relación al tiempo, lo ideal es empezar practicando entre cinco y diez minutos al día e ir ampliando a medida que se adquiera la rutina hasta llegar a los 30 minutos diarios. Hay que ser perseverante y no abandonar, aunque no notemos ningún cambio al principio.

1. Entrenamiento general o básico

1) **Encuentra tu momento tranquilo del día:** puede ser por la mañana, justo al despertarte, al llegar a casa después de terminar la jornada, antes de dormir para despedir el día, etc.

2) **Busca un sitio relajado:** lo mejor es que esté libre de ruidos y/o distractores, con una temperatura agradable y en el que te sientas a gusto. También deberíamos intentar que sea siempre el mismo lugar, no importa si es el dormitorio, el despacho, un parque al aire libre...

3) **Ponte ropa confortable y colócate en una** postura que te resulta cómoda. Normalmente, es suficiente con estar sentado en el suelo con

la espalda recta para facilitar la respiración, o tumbado boca arriba con las piernas flexionadas y las rodillas apuntando al techo.

4) **Empieza por respirar profundamente y céntrate en la respiración:** siente cómo el aire entre por la nariz en cada inspiración y llena tus pulmones, imagina cómo ese aire recorre tu cuerpo para oxigenarlo y sé consciente de cómo vuelve a salir por la boca o las fosas nasales, llevándose el dióxido de carbono que sobra.

5) Imagina que el aire que expulsas se lleva también la tristeza, las tensiones, el dolor y el miedo.

6) Cuando tu mente se distraiga (lo hará varias veces), no te pongas nervioso: llévala de nuevo hacia tu respiración. Si te distraes cien veces, vuelve a tu respiración ciento una. Con la práctica irás mejorando y cada vez te llevará menos tiempo reconducir los pensamientos.

7) Deja que tus emociones aparezcan, pero mantente neutral respecto a ellas. Si aparecen emociones negativas que te producen ansiedad, registra también esa ansiedad como si la estuviera experimentando otra persona.

8) Pasado el tiempo que te habías propuesto, incorpórate despacio y vuelve a tus quehaceres tratando de llevar contigo la sensación de calma que has alcanzado con el ejercicio.

¿Para qué sirve este ejercicio? Aunque, al principio, con esta actividad "solo" te sentirás más relajado y despejado, con el tiempo descubrirás que empiezas a hacer algunas cosas de forma distinta: tendrás más facilidad para controlar tu ansiedad, serás capaz de encontrar soluciones acertadas más rápidamente, te sentirás más a gusto contigo mismo y más conectado a la realidad, a la gente, a los mensajes de tu propio cuerpo, etc.

2. Entrenamiento de respiración consciente

No es lo mismo respirar para sobrevivir que respirar de forma consciente y acorde con la situación. Tampoco es igual respirar aceleradamente, alimentando la ansiedad, que hacerlo llevando el oxígeno necesario al organismo a la velocidad que este lo necesita. Hay que conseguir lo segundo, y la forma de hacerlo es mediante la respiración consciente:

1) Colócate completamente estirado sobre una superficie plana y suave (la cama, el sofá, una alfombrilla de ejercicios, etc.). Asegúrate de llevar ropa que no oprima y que tu espalda esté lo más pegada posible al suelo.

2) Coloca una mano sobre tu pecho a la altura de tu corazón y otra sobre el diafragma (por encima del ombligo).

3) Cierra los ojos y toma aire por la nariz lentamente. Siente cómo tu vientre se hincha y eleva tu mano.

4) En esa misma inspiración, continúa llenando de aire los pulmones. Cuando estén llenos, lleva el aire a tus hombros como si también tuvieran capacidad pulmonar. Aguanta la respiración durante dos segundos y exhala por la boca lentamente.

Repite este ejercicio varias veces a lo largo del día. El objetivo es que, con la práctica, seas capaz de controlar tu respiración en cualquier situación. El control de la respiración es una de las técnicas más eficaces contra la ansiedad.

3. Entrenamiento para conciliar el sueño

1) Disponte a dormir, lo que significa dejar todos los aparatos electrónicos al margen, terminar

tu rutina de higiene nocturna y preparar la habitación y la cama para conciliar el sueño.

2) Túmbate sobre la cama y dedica unos segundos a pensar en cómo ha ido tu día. Si sientes preocupaciones, apúntalas en tu libreta y prométete que mañana les dedicarás atención.

3) Cuando hayas terminado de repasar el día, piensa en un lugar que te guste e imagínate allí. Puede ser un bosque, la playa, tu jardín, un velero, una cafetería tranquila... A partir de ese momento, recréate en las sensaciones agradables que te produce estar ahí y no atiendas a ningún otro pensamiento.

4) Respira profundamente mientras visualizas tus movimientos pausados en ese lugar.

5) Empieza a contar hacia atrás desde cien, sin dejar de estar mentalmente en ese sitio. Si en algún momento pierdes la cuenta o aparecen pensamientos o distracciones que te impiden continuar, respira hondo y empieza la cuenta atrás de nuevo.

6) Si al llegar a cero no te has dormido, sigue en esa actitud o empieza a contar de nuevo, lentamente.

A la mañana siguiente, cumple tu promesa y revisa la libreta: eso le dará a tu mente el mensaje de que no necesita estar hipervigilante todas las horas que estás despierto porque tú te encargas de las cosas a su debido tiempo.

4. Entrenamiento de escaneo corporal

Este es uno de los ejercicios más practicados por principiantes. Su objetivo es la atención centrada en el cuerpo con el fin de conectarnos con él.

1) Disponte a hacer el ejercicio: ponte cómodo, busca un lugar y una postura cómoda, etc. Lo mejor para empezar es hacerlo tumbado.

2) Respira profundamente varias veces y siente la respiración. Poco a poco, permite que tu respiración sea cada vez más lenta, ya que en

situación de reposo no necesitas hacer tantas inspiraciones por minuto.

3) Relaja todo tu cuerpo. Debes sentir que pesa cada vez más y que te cuesta moverlo (no debes moverlo).

4) Visualiza cómo tu abdomen se hincha y se contrae con cada respiración. Asegúrate de que tus hombros están relajados y no suben ni bajan mientras respiras.

5) Visualiza tus pies sin moverlos. Lleva tu atención a los pies y registra mentalmente cualquier sensación corporal que surja. Si notas algún dolor o tensión, reconócelos y observa los pensamientos o sentimientos que lo acompañan.

6) Cuando tengas los pies completamente relajados, sigue con las piernas y repite la visualización: siente su estado, si están cansadas, doloridas, relajadas, etc. Trata de liberarlas de toda presión para que queden lo más relajadas posibles. Luego, sigue subiendo

hacia los muslos, las caderas y el resto de tu cuerpo. La última zona debe ser la coronilla.

Puedes realizar este escaneo corporal tan lentamente como quieras, con un máximo recomendable de unos 30 minutos. No solo te relajará en el momento, sino que, con el tiempo, te ayudará a detectar partes de tu cuerpo que están tensas y que hasta ese momento no lo habías ni notado. Liberar el cuerpo de tensiones también envía un mensaje de calma a tu sistema nervioso.

5. Entrenamiento para descansar la vista

La mayoría de nosotros pasamos demasiadas horas con los ojos pegados a las pantallas (móvil, ordenador, televisión, tabletas, etc.), lo que estresa el nervio óptico y fatiga la vista. Este ejercicio ayuda a reducir su sobreesfuerzo.

1) Prepárate para hacer un ejercicio como los anteriores, empezando por la respiración consciente.

2) Enfoque en los ojos: lleva la atención hacia tus ojos. Ciérralos suavemente y visualízalos en reposo detrás de tus párpados.

3) Masaje ocular: coloca suavemente los dedos en los párpados cerrados y haz pequeños círculos con una presión ligera. Haz esto mientras mantienes tu respiración lenta y constante.

4) Movimiento ocular: mantén tus ojos cerrados y suavemente, dirige tu mirada hacia arriba al inhalar y hacia abajo al exhalar. Luego, alterna el movimiento hacia la derecha al inhalar y hacia la izquierda al exhalar.

5) Enfoque en la oscuridad: ahora, mantén los ojos cerrados y dirige toda tu atención a la oscuridad detrás de tus párpados. Imagina esta oscuridad como un espacio tranquilo y relajante que envuelve tus ojos.

Haz este ejercicio durante unos minutos cada día, si puede ser, a la misma hora (por ejemplo, a la hora de comer si trabajas frente al ordenador). Con la práctica, te será más fácil relajar los ojos y sentirte más despejado. Aunque no es su principal objetivo, esta técnica también alivia dolores de cabeza y problemas para conciliar el sueño.

6. Entrenamiento GALA

Este ejercicio es una propuesta del gran Donald Altman[8], y yo estoy feliz de poderlo adaptar aquí.

GALA es el acrónimo de las palabras «gratitud», «aprendizaje», «logro» y «alegría». Esta técnica se llama así porque se centra precisamente en estos cuatro términos y en

---

[8] Donald Altman es psicoterapeuta, formador en mindfulness, ex monje budista y divulgador de crecimiento personal. Entre sus obras, destaca *50 técnicas de mindfulness para la ansiedad, la depresión, el estrés y el dolor.*

encontrar, durante el ejercicio, un ejemplo para cada uno de ellos (que debe ser distinto cada día o cada vez que se realiza el ejercicio).

1) Para empezar, recomiendo abordar este ejercicio como los anteriores, es decir, haciendo un breve retiro de la realidad para encontrar un espacio donde ponernos cómodos, etc. Con la práctica, podrás hacer tus ejercicios de GALA en un trayecto en autobús, en la ducha, mientras preparas la cena, etc.

2) Controla tu respiración como en los ejercicios anteriores. Cuando la tengas bajo control, visualiza, de una en una, las cuatro palabras de GALA, entendiendo qué significa cada una de ellas.

3) Cuando estés listo, busca un ejemplo en tu vida de cada una. Empezando por la primera, puedes sentir GRATITUD por cosas muy básicas: un techo donde vivir, salud, una familia, etc.; o por cosas muy concretas, como

que la negociación de hoy con el cliente ha ido bien.

4) Cuando la tengas, pasa a la segunda palabra. Por ejemplo: puedes decidir que hoy has APRENDIDO algo nuevo sobre ti mismo o sobre cualquier ámbito de la vida, desde un plato de cocina hasta un nuevo camino para ir al trabajo.

5) Pasa después a la tercera palabra. Puedes señalar como LOGRO cualquier éxito que hayas tenido en el día de hoy o en el pasado, por pequeño que sea. Ese logro puede formar parte de algo más grande (por ejemplo, si estás reduciendo el azúcar en tu alimentación, un pequeño logro puede ser haber renunciado a la segunda galleta del desayuno), o algo que has hecho en relación a los demás (por ejemplo, has encontrado una canción para tu pareja, se la has enviado a través del móvil y se ha alegrado, has conseguido fijar la lámpara que colgaba, etc.).

6) Por último, la ALEGRÍA debe darse por algo que has captado de tu entorno, como sentirte gratamente sorprendido por una puesta de sol o por un dibujo que haya hecho tu hija. Debe ser algo que te haya hecho sonreír espontáneamente.

El ejercicio GALA te aportará confianza en ti mismo y en tu entorno. Te hará ver que haces muchas cosas bien en tu vida, reforzará tu motivación y compromiso y te dará razones para vivir con optimismo.

7. Entrenamiento de la aceptación

Este ejercicio no es exclusivo del mindfulness: lo practican desde los creyentes en forma de rezo a Dios hasta las personas que siguen el programa de los doce pasos de Alcohólicos Anónimos.

Esta es la versión que yo propongo:

1) Disponte a realizar el ejercicio como siempre: buscando un lugar tranquilo donde poder centrarte en tus pensamientos y en tu respiración.

2) Una vez hayas focalizado tu mente en el aquí y ahora, y tengas tu respiración bajo control, repite en voz alta o mentalmente la siguiente oración:

«Elijo buscar la serenidad para aceptar las cosas que no puedo cambiar, la valentía, para cambiar las que sí puedo cambiar, y la sabiduría, para saber distinguir una de la otra»

3) Si eres creyente, puedes pedirle esas tres cosas (serenidad, valentía y sabiduría), a Dios. Si no lo eres, puedes dedicarte esta oración a ti mismo y comprometerte a buscar activamente estas tres virtudes en tu vida.

8. Entrenamiento de la hemeroteca

Una hemeroteca es un lugar donde se guardan, para su consulta, todos los archivos relativos a acontecimientos reales en forma de noticia o actualidad, desde periódicos hasta material audiovisual. Trasladado a nuestra vida, podríamos decir que la hemeroteca es donde se archiva nuestro pasado. Ya hemos dicho que el pasado es el lugar del que aprender, y eso es lo que pretende este ejercicio.

1) Como siempre, disponte a hacer un ejercicio de mindfulness.

2) Cuando tengas la respiración controlada, piensa en un problema o preocupación que tengas en ese momento. Debe ser un problema no resuelto, algo que te angustia y que no sabes cómo gestionar.

3) Una vez tengas claro el problema y confirmes que sigues sin saber cómo resolverlo (por ejemplo, una decisión aún pendiente), mantenlo en tu mente y viaja a tu hemeroteca para encontrar situaciones pasadas en las que encontraste una solución a una dificultad que te tenía muy angustiado.

4) Mentalízate de que este ejercicio no es para encontrar una solución al problema: es para darte la confianza suficiente en ti mismo como para saber que encontrarás la mejor solución posible con las herramientas y opciones que tienes a mano, igual que hiciste en el pasado.

5) Recrea mentalmente el proceso que te llevó a encontrar una solución en aquella ocasión. Convéncete de que, igual que sucedió entonces, también ahora vas a encontrar la mejor solución posible.

Este ejercicio no tiene por objetivo que creas en revelaciones mágicas ni mensajes del más allá, sino convencerte de que eres capaz de encontrar soluciones válidas a los problemas.

9. Entrenamiento contra el dolor físico

Ante un dolor físico, ya sea crónico o temporal, lo primero que hace nuestra mente es buscar formas de aliviarlo. Normalmente, empezamos por probar con medicamentos y chequeos médicos. Cuando esto no funciona, aparece la frustración. Cuanto más frustrados estamos, más agotados y menos capaces de tolerar el dolor. Ello nos lleva a experimentar impotencia y a sentir que estamos atrapados. El dolor nos perjudica más aún y entramos en un bucle donde toda nuestra vida, de repente, depende de ese dolor.

Los pensamientos y las emociones que acompañan esta circunstancia son, obviamente, negativos: «Este dolor es insoportable», «¿Por qué me tiene que pasar justo a mí?», «Con la de inventos inútiles que hay, y nadie ha inventado un remedio para este dolor», «Si no tuviera este dolor, yo serías feliz...», etc.

El siguiente ejercicio tiene como objetivo que aprendas a reaccionar de forma distinta al dolor. No es un ejercicio exclusivo del mindfulness actual, hay constancia de ejercicios similares en campos de concentración en varios puntos de

Asia, llevados a cabo por prisioneros. El objetivo es aceptar que, en este momento, no podemos hacer nada para detener ese dolor y solo podemos cambiar nuestra forma de relacionarnos con él. La idea es que no nos detenga ni nos limite más de lo físicamente inevitable.

1) En posición de ejercicio de mindfulness, dedicamos unos segundos a sentir el dolor. Visualizamos mentalmente la zona sin tocarla, sentimos cómo es el dolor, en qué parte del cuerpo empieza y en qué parte termina.

2) Visualizamos mentalmente también las zonas donde no hay dolor y comparamos sensaciones.

3) Nos centramos en la respiración y nos preguntamos, una vez más, qué tal es ese dolor ahora. Podemos probar a analizar el dolor en distintas circunstancias, por ejemplo, escuchando atentamente la letra de

una canción, o siguiendo el vuelo de un pájaro real o imaginario.

4) Cuestionamos todos y cada uno de los pensamientos anteriores. Por ejemplo: «Este dolor es insoportable». Podemos decir que esta creencia es falsa porque ahora mismo sí lo estamos soportando. «Si no tuvieras este dolor, yo sería más feliz». Aquí podemos reflexionar sobre qué cosas son exactamente las que nos hacen felices y cuáles de ellas son físicamente imposibles por culpa del dolor.

5) Seguimos «escuchando» el dolor mientras probamos a centrarnos solo en nuestra respiración o en otras cosas ajenas al dolor: la escena de alguna película mientras la vemos o la recordamos, contar hasta cien, expulsar el aire soplando con fuerza, etc.

6) Combinamos esto con preguntas del tipo: ¿Mi dolor es siempre igual a lo largo del día? ¿Hay algún pensamiento que ayude a soportarlo? ¿Puedo sobrellevar este dolor de alguna forma más inteligente? ¿Puedo estar

orgulloso de mí mismo por cómo estoy llevando mi dolor? ¿Soy la única persona en el mundo con un dolor así? ¿Es inteligente pensar cosas como «todo me pasa a mí» o «por qué me ha tenido que tocar esto»?

El dolor físico es real y es objetivo, pero nuestra manera de llevarlo puede ser mejorable. Basta con cambiar las creencias, atender de forma distinta a las emociones que nos genera y no convertirlo en el centro de nuestra existencia para sentirnos mucho mejor aun sin haberlo eliminado.

10. Entrenamiento contra la anticipación catastrofista

La ansiedad lleva implícito un mensaje alarmista: peligros, desastres inminentes, sufrimientos a corto plazo, etc. La ansiedad nos dispara un sinfín de «¿Y si pasa esto?», «¿Y si pasa lo otro?», siempre con suposiciones terribles, la mayoría de las cuales nunca llega a ocurrir.

Pues bien, este ejercicio es para entrenar nuestra mente con el fin de que responda con eficacia a la ansiedad anticipatoria.

1) Disponte a hacer el ejercicio en un lugar tranquilo y aislado. Como siempre, este ejercicio no está pensado para que siempre lo realices en un entorno neutro, sino que, con entrenamiento, seas capaz de realizarlo en situaciones de alarma o ansiedad intensa.

2) Haz un *brainstorming* o lluvia de ideas de lo peor que podría ocurrir en relación a un problema actual. Por ejemplo, ante un conflicto o dificultad que tengas en el trabajo, empieza a imaginar los peores escenarios posibles: que te despidan, que te acusen a ti de algún error que tú no has cometido, que te acusen de un error que sí has cometido y todo el mundo te desprecie, que descubran esa pequeña trampa que hiciste, que se corra la voz de que no vales... Piensa en los escenarios que más daño te harían.

3) Familiarízate con sus consecuencias. Recréate en lo peor posible, incluso si es exagerado: tu familia te abandona, terminas viviendo de la caridad, vas a la cárcel... Abraza la ansiedad que te produce todo ello.

4) Empieza a hacerte preguntas para relativizar todas esas desgracias. ¿Qué pasaría en realidad si te despidieran? ¿Cómo te sentirías? Y al cabo de un año, ¿cómo crees que te sentirías? ¿Serías la única persona en el mundo que ha pasado por eso? ¿Hasta qué punto es grave lo que la gente piense de ti? ¿Qué puedes hacer aquí y ahora para tratar de evitar eso? ¿Está en tus manos? ¿Qué te haría sentir más tranquilo?

El objetivo de este ejercicio es enviarle un mensaje de tranquilidad a tu cerebro, relativizando los «desastres», no porque esas desgracias no sean posibles sino porque, en el caso de que apareciesen, serías capaz de afrontarlas. El mensaje es: «no necesito sufrir hoy por algo que tal vez no ocurra nunca. Con tomar ciertas medidas, por ahora, es suficiente».

Cualquier de estos ejercicios te cambiará la vida si lo practicas regularmente y con compromiso.

Resumen del capítulo

– Existen muchos ejercicios para entrenarte en la actitud mindfulness: algunos se centran en tu respiración, otros en tu cuerpo o tus sensaciones corporales, otros, en pensamientos y visualizaciones, etc.

– Todos estos ejercicios tienen un sentido y un resultado. Pero requieren compromiso y honestidad por nuestra parte.

– Encontrar los ejercicios que mejor te funcionan es parte del proceso.

– Ninguno de estos ejercicios es excluyente de otros, puedes adoptar más de uno en tu vida diaria.

CAPÍTULO 6

El poder de las palabras

En este capítulo te propongo algunas prácticas de meditación con mensajes para repetirte a ti mismo. En estos casos, no vamos a dirigir nuestra atención plena a la respiración, al cuerpo o a ciertos pensamientos, sino al significado de las palabras. Debemos terminar el ejercicio estando totalmente de acuerdo con cada oración, aunque al principio nos cueste convencernos o identificarnos con ella.

Todos los ejercicios empiezan con las instrucciones de siempre:

1. Encuentra un lugar tranquilo donde puedas sentarte cómodamente sin ser interrumpido durante unos minutos.

2. Cierra los ojos y lleva tu atención a tu respiración. Toma 10 segundos para sentir la sensación que te produce el aire entrando y saliendo de tu cuerpo, sin forzarla. Relájate y desconecta de todo lo demás. Nada es tan importante que no pueda esperar 5 minutos.

3. Dirige tu atención hacia ti mismo y repite mentalmente entre dos y cuatro de las frases siguientes mientras observas sin juzgar las emociones e ideas que te generan. Repite las frases despacio, sin que te importe lo ridículas o extrañas que puedan parecer al principio.

4. Si te vienen pensamientos perturbadores o intrusivos, simplemente obsérvalos, registra mentalmente que los tienes y vuelve a centrarte en tus frases.

5. Cuando sientas que has terminado, abre suavemente los ojos y llévate contigo la sensación de confianza en ti mismo.

Como siempre digo, si lo haces una única vez, difícilmente estas frases te ayudarán más allá de los siguientes 15 minutos. Si lo tomas como un hábito, tu sistema nervioso aprenderá a escucharte y tus pensamientos y emociones se volverán más amables y, sobre todo, más útiles.

Frases para empezar el día

- Agradezco este nuevo día y las oportunidades que trae consigo.

- Ignoro si hoy será un día grato o ingrato, pero me comprometo a dar lo mejor de mí mismo.

- Elijo mantener una actitud de apertura hacia todo lo que encuentre a lo largo del día.

- Pase lo que pase, no siento miedo. Y si lo siento, dejaré que me acompañe, pero no que me domine.

- Hoy daré un voto de confianza a mis propias decisiones con independencia de los resultados.

- Hoy trataré de cuidarme y defender mis intereses de la mejor forma posible.

- Hoy elijo ser amable y compasivo conmigo mismo y con los demás en todas mis interacciones.

- Me comprometo a valorar este día al final de la jornada y felicitarme por mis logros.

- Me comprometo a valorar el día al final de la jornada y sacar conclusiones de mis errores para aprender de ellos.

Frases para perdonar el pasado

- Mi pasado no me define.

- Los abusos e injusticias que sufrí en el pasado no son culpa mía, incluso si por acción u omisión yo los permití.

- Me perdono por las acciones y decisiones pasadas que me causaron daño a mí y/o a otros, con el compromiso de aprender de ellas.

- Me perdono por quedarme donde nunca debí cuando aún no comprendía lo que sucedía.

- Me perdono por perjudicarme a mi mismo en el pasado cuando buscaba éxito, amor, aprobación o evitación del dolor.

- Ya he sufrido suficiente por esto. Ahora me toca crecer.

- Los errores y los golpes de la vida son parte de la experiencia humana.

- Me permito observar mis errores del pasado como una oportunidad para aprender.

- El pasado es el lugar del que aprender, no el lugar en el que vivir.

- Todo el mundo tiene un pasado, y todo el mundo tiene una parte de ese pasado que le produce dolor.

Frases para trabajar el auto respeto

- Merezco un trato digno en cualquier situación.

- No hay nada malo en mí.

- Puedo amarme tal y como soy: no necesito ganar más dinero, tener otro aspecto o cambiar mil cosas para aceptarme ahora mismo.

- Tengo derecho a buscar mi propia felicidad.

- Tengo derecho a poner límites personales.

- Me comprometo a tratarme bien incluso cuando no me sienta digno de ello.

- Ningún error por mi parte, ningún defecto o debilidad justifica un trato denigrante hacia mi persona por parte de nadie.

- Me comprometo a poner mi dignidad por delante de falsos beneficios.

- El síndrome del impostor es solo mi cerebro tratando de protegerme del dolor ante un posible fracaso. No es una señal para abandonar, sino para entender el reto.

Frases contra el perfeccionismo

- Me permito ser imperfecto: lo contrario no existe.

- Todo el mundo se equivoca.

- Mis defectos no me definen.

- No conozco a nadie que sea perfecto.

- Si existe alguien perfecto, me alegro por él o ella. Yo seguiré luchando honestamente desde mi imperfección.

- Valoro mi progreso y mi compromiso por encima de los resultados.

- Me libero de la necesidad de cumplir con estándares irreales en el trabajo, en mi vida personal o en la aceptación de mi propio cuerpo.

- Tengo debilidades y fortalezas: si me critico por las primeras, me elogiaré por las segundas.

- Me libero de la necesidad de aprobación externa como forma de vida.

- Me libero de la envidia.

- Me libero de sentirme humillado cuando alguien hace algo mejor que yo.

- La función principal de mi cuerpo no es ser atractivo para los demás, es mantenerme con vida.

Frases contra el estrés

- Me libero de la necesidad de alcanzar todas las metas.

- Me permito fallar sin derrumbarme.

- Me permito descansar sin sentir culpa.

- Me permito desconectar sin sentir culpa.

- Me permito no trabajar si no tengo que hacerlo.

- Mi salud física y mental va por delante de lo que opinen los demás.

- Me permito pedir ayudar sin avergonzarme.

- Me permito delegar sin sentirme insuficiente.

No hace falta decir que cualquier frase similar a estas que a ti te sirva es bienvenida.

Mantras tradicionales budistas

Existe una serie de palabras y frases breves que, repetidas varias veces durante la meditación, provocan un efecto calmante en nuestro sistema nervioso: son los mantras o cánticos para meditar. La principal característica de los mantras es su sonoridad. Al ser pronunciados en voz alta de forma repetida, estas breves frases o palabras producen una vibración especial que facilita la concentración.

Los mantras provienen del hinduismo y el budismo, aunque casi todas las culturas tienen sus propios mantras que se repiten para aliviar la mente. Muchas de ellas tienen un significado sagrado en su sentido original[9].

La meditación basada en los mantras budistas se denomina «meditación trascendental».

¿Cómo actúan los mantras?

Dado que se trata de conceptos filosóficos, espirituales y religiosos, no hay un campo de actuación delimitado, entre otras cosas porque también depende de la actitud de cada persona.

Sí es cierto que la vibración que producen tiene la capacidad de calmar el sistema nervioso, las taquicardias y la ansiedad. Varios estudios resaltan que habituarse a cantar ciertos mantras puede equilibrar ciertas regiones del cerebro, ya que las vibraciones estimulan ondas alfa y

---

[9] Para el cristianismo, algo parecido a un mantra podría ser la frase «Señor, ten piedad», que se repite en las oraciones colectivas casi como un murmullo.

ayudan a sincronizar los hemisferios. También se cree que son capaces de potenciar la memoria y frenar el deterioro cognitivo provocado por la fatiga mental.

Es posible que muchos de sus resultados positivos (sosiego, esperanza, confianza renovada, energía, sanación), sean fruto de un efecto placebo (¡pues bienvenido, efecto placebo!).

En cualquier caso, el objetivo de recitar mantras es enviar un mensaje subliminal a nuestro cerebro, y su destino último es el inconsciente. Repetidos como murmullo traspasan el umbral de la conciencia y penetran en las zonas más profundas de nuestra mente.

Principales mantras y su significado

La palabra «mantra» procede del idioma sánscrito y está compuesta por *man*, que significa «mente», y *tra*, que puede traducirse como «vibración» o «instrumento mental», pero también como «protección» de esa mente. Es decir, es un concepto relacionado con la protección de nuestra mente a través de las vibraciones místicas.

Los mantras se pueden recitar de forma individual o colectiva, en sincronización con otras personas, de forma que la vibración se vuelve más intensa. Vamos a ver los cinco principales:

1. Om

La llamada «sílaba sagrada» es el mantra budista más recitado del mundo. El sonido que genera al pronunciarse es considerado el sonido místico y original de la creación y el cosmos. De hecho, algunas creencias defienden que su frecuencia, que es de 432 hercios (número de frecuencias por segundo según la escala de Hertz), es la misma que la del universo, aunque no hay evidencias científicas de ello.

Dentro de la filosofía hindú, las tres letras que forman el mantra «om» (su pronunciación exacta es «a-u-m», alargando la «m»), se corresponden a los tres estados de conciencia:

- A= Estado de vigilia.

- U= Estado de sueño.

- M= Estado de sueño profundo.

Para los no creyentes, este mantra ayuda a centrar nuestra atención en el aquí y ahora, desconectando de todo pensamiento y emoción. La sílaba «om» es la principal, por lo que todos los demás mantras la incluyen en su composición.

2. Om mani padme hum

Este es el mantra de la sabiduría universal. Está relacionado con la paciencia y la disciplina como vías para el crecimiento. Según el budismo tibetano, todos los dictámenes de Buda están condensados en las seis sílabas de este mantra:

- *Om:* Generosidad (en oposición al orgullo y al ego).

- *Ma:* Disciplina ética (para combatir la envidia y los celos).

- *Ni:* Tolerancia y paciencia (para gobernar la pasión ciega y la impulsividad).

- *Pad:* Perseverancia (en el aprendizaje para superar los prejuicios y la ignorancia).

- *Me:* Concentración (contra la impulsividad).

- *Hum:* Sabiduría (contra el egoísmo).

En su vertiente religiosa, este mantra **purifica el cuerpo, el habla y la mente. Al** repetirlo, se conecta con el amor universal y es posible alcanzar el nirvana si se logra la perfección en cada una de las sílabas.

3. Om ah hum

Este mantra de tres sílabas aparece grabado en muchos instrumentos musicales del budismo. «Om» aquí hace referencia al cuerpo y a los sentidos, «ah» hace referencia a la palabra o el sonido, y «hum» se refiere a los pensamientos. Pronunciándolos, purificamos nuestras percepciones, nuestras palabras y nuestros pensamientos.

Para meditar con este mantra debemos inhalar, pronunciar la sílaba «om», luego exhalar con «ah» y terminar con el sonido «hum» al soltar el resto de aire.

4. Om tare tuttare ture soha

Este mantra está dedicado a la diosa Tara Verde, madre de todos los budas y diosa de la compasión. Se puede traducir por: «Me inclino ante ti, madre de todos los victoriosos». Según la creencia budista, sus palabras protegen de nuestros ocho principales enemigos:

- Orgullo.

- Ignorancia.

- Rechazo o prejuicios.

- Celos.

- Avaricia.

- Codicia.

- Deseo y apego ciego.

- Dudas causadas por falacias.

Tara Verde es a menudo representada como una hermosa mujer de piel verde sentada en una flor de loto, extendiendo sus bendiciones de alivio y protección de todo tipo de sufrimiento.

5. Om namah Shivaya

Este mantra se usa para honrar a Shiva, el dios de la destrucción y las transformaciones. Según el budismo, para poder renacer, primero hay que destruir, es decir, romper con aquello que no nos beneficia para poder avanzar.

Las cinco sílabas de este mantra significan los cinco elementos con los que está construido el mundo y el cuerpo humano según el budismo: «*Na*» (tierra), «*Ma*» (agua), «*Si*» (fuego), «*Va*» (aire), y «*Ya*» (éter o cielo).

Este mantra se puede traducir como «Me inclino ante Shiva» y se recita para favorecer el cambio, el crecimiento y la elevación.

Mantras modernos o propios

Puesto que la meditación no es una práctica religiosa, cada persona es libre de elegir como mantra los sonidos y frases que quiera. Incluso puede inventar sus propios mantras para meditar. Solo es necesario que haya una conexión con el significado del mantra, una buena sonoridad y evitar la palabra «no», según señalan los expertos. Por ejemplo:

- Estoy creciendo.

- Tengo valor.

- Estoy bien.

- Estoy a salvo.

- Esto merece la pena.

- Me tengo a mí.

- Confío en mí.

En realidad, cualquier fórmula lingüística que propicie una vibración y usada con convicción puede serenarnos, fortalecernos y activar el cambio.

Resumen del capítulo

– Las palabras son muy poderosas a la hora de enviarnos mensajes de calma y confianza a nosotros mismos.

– Para practicar el mindfulness, también es muy útil centrar la atención en frases o palabras que tengan un significado relevante para nosotros, por ejemplo: «Mis errores no me definen», o «Merezco ser amado».

– Los mantras son conceptos breves que se repiten en forma de murmullo y envían un mensaje subliminal a nuestra mente.

– Somos libres de elegir los mantras y frases que más nos sirvan para meditar, incluso elaborar nuestros propios mantras.

CAPÍTULO 7

Otros ejercicios y técnicas

Ya hemos dicho que el mindfulness tiene su origen en el budismo, pero hoy en día es una práctica universal que se une y se combina con otras técnicas de sanación y búsqueda de bienestar emocional. En este capítulo veremos otras maneras de abordar el mindfulness.

Mindful eating

El *mindful eating* es una vía de meditación centrada en la plena conciencia durante el acto de comer. Se trata de una práctica muy beneficiosa que a la larga reduce la falsa sensación de hambre y permite gozar más de la experiencia de comer, controlar el apetito emocional (el que provoca la ansiedad), entender los mensajes del propio cuerpo en relación a la alimentación, etc.

El *Mindful eating* se basa en los siguientes preceptos:

- Tiempo de calidad a la hora de comer. Sea mucho o poco, el tiempo para alimentarnos debe estar al 100% centrado en ese acto: ni teclear el ordenador mientras se come, ni consultar las redes sociales, ni leer ningún documento ni mirar la tele. Solo estar en el aquí y el ahora delante del plato. Si se come en compañía, el enfoque debe ampliarse hacia una conversación pausada y gratificante.

- Conexión con los sabores, las texturas, la temperatura de los alimentos, etc.

- Escucha activa de las señales del cuerpo antes de sentarnos a comer, durante el acto de comer y en los minutos inmediatamente posteriores a terminar.

- Alimentación sana, sostenible y sabrosa. Merecemos comer alimentos sanos y sabrosos, a poder ser, naturales y de producción sostenible.

- Mente abierta a nuevos sabores, alimentos y platos.

- En caso de estar a dieta, no entenderla como castigo sino como método de mejora.

- No usar la comida como calmante frente al aburrimiento, la soledad, el estrés o la tristeza.

El *mindful eating* también potencia el gusto por la cocina, la creatividad a la hora de elaborar recetas y platos, el interés por comprar alimentos con otra actitud... El objetivo final es que alimentarnos se convierta en una fuente de placer y de salud a la vez, y no en un fastidio, un acto de renuncia o un trámite.

Ho'oponopono

El *ho'oponopono* es un método ancestral de Hawái y de otras islas de la Polinesia para la resolución de enfrentamientos entre miembros de una misma comunidad, algo así como nuestra mediación para la resolución de conflictos.

Desde el punto de vista del mindfulness, lo interesante del *ho'oponopono* es que también se usa como técnica de meditación. La palabra se recita como mantra o rezo, y su significado viene a ser algo parecido a **«Lo siento, perdóname, te amo, gracias»**. El objetivo de repetir este mantra es lograr la paz con uno mismo y con el mundo en los momentos en que nos invade la ira, la culpa o la vergüenza.

Para practicar el *ho'oponopono* hay que disponerse a realizar un ejercicio de meditación matutino y repetir un **«Lo siento»**, un **«perdóname»**, un **«te amo»** y un

«gracias», buscando motivos y contextos para cada uno de ellos.

Escritura terapéutica

Escribir es una excelente forma de expresar lo que llevamos dentro, de calmar la ansiedad y de encontrar claridad en los pensamientos una vez pasan a ser palabras sobre un papel.

Un diario personal, una carta a alguien que nos hizo daño (y que nunca enviaremos), una carta al niño que fuimos o un mensaje privado pidiendo perdón secretamente a otra persona son algunos ejercicios de escritura terapéutica que ayudan a descargar culpa, ira, rabia o tristeza.

Las *Morning Pages* de Julia Cameron

Las *morning pages* son una práctica propuesta por la profesora de arte Julia Cameron en su libro *El camino del artista*. Consisten en escribir tres páginas seguidas a mano cada mañana a la misma hora, sin importar el tema ni el resultado final del ejercicio.

En las *morning pages* podemos expresar pensamientos, emociones, preocupaciones, ideas o frases inconexas de forma automática. Esta práctica sirve como catarsis, como *reseteo* mental antes de empezar el día, para descubrir creencias y patrones que se repiten en nuestra forma de pensar, etc. No se trata de escribir un relato coherente, ni el objetivo es mostrárselo a otras personas. Es un método de autoconocimiento.

La idea de las *morning pages* es liberar la mente de pensamientos y preocupaciones, permitiendo que fluyan libremente, sin censura ni opinión sobre ellas. Por eso, no hay que pararse a pensar qué queremos decir o cómo quedará mejor expresado. Las páginas matinales deberían estar listas en diez minutos como máximo.

Rezos personales

Ya hemos visto que los mantras budistas pueden usarse en la práctica del mindfulness al margen de la creencia religiosa. Lo mismo ocurre con el cristianismo y otras religiones. A grandes rasgos, sus rezos y oraciones funcionan de forma parecida:

- Instan a enfocarse en lo espiritual, dejando al margen el ruido externo.

- Se repiten a modo de murmullo, lo cual ayuda a enfocar la mente.

- Calman la ansiedad.

- Cultivan el autoconocimiento.

- Cultivan prácticas como la paz, la gratitud, la compasión o la tolerancia.

Por eso, también es posible usar algunos rezos de forma personal como parte de un ejercicio de mindfulness. El objetivo es que lleguen a servir como «calmante» en momentos de agitación con el fin de encontrar la actitud y la respuesta correcta ante los desafíos y el sufrimiento.

Resumen del capítulo

– Hoy en día hay muchas formas de abordar el mindfulness, desde la meditación hasta la escritura terapéutica.

– El mindful eating es una forma de meditación cuyo objetivo es la plena conciencia del acto de comer para conectar con nuestro propio cuerpo y enriquecer la experiencia de comer.

– El ho'oponopono es un método ancestral de resolución de conflictos que también podemos usar como técnica de meditación.

– Hay muchos ejercicios de escritura terapéutica que fomentan el autoconocimiento, la concentración y la liberación de estrés y bloqueos emocionales: escribir un diario, escribir cartas (sin enviarlas), practicar las páginas matinales que propone Julia Cameron, etc.

— Los rezos cristianos y de otras religiones también pueden usarse como mantras en la meditación.

Conclusiones

Bueno, hemos llegado al final de nuestro viaje por el maravilloso mundo del mindfulness.

Desde el primer hasta el último capítulo, has atravesado un universo de introspección y autoconocimiento, adquiriendo técnicas y herramientas tremendamente valiosas para cultivar la atención plena y vivir de forma más consciente. El mero hecho de que hayas llegado hasta aquí ya demuestra un compromiso y una determinación encomiables en tu proceso de autosanación y búsqueda de tu mejor versión. Así que... ¡FELICIDADES! Eres una persona extraordinaria.

Por mi parte, he hecho todo lo posible para presentarte el mindfulness de la forma que a mí me habría gustado recibirlo en su momento. Por supuesto, existen otros libros y otros ejercicios de mindfulness, como también otras formas de practicar la meditación, pero yo no quería convertir este libro en un recopilatorio de ejercicios que, por otro lado, puedes encontrar fácilmente en cualquier parte. Lo que yo quería era explicarte por qué es importante el mindfulness y convencerte de que es un camino para todo el mundo. También para ti.

Ahora, te animo a seguir aplicando los ejercicios y técnicas de mindfulness que has aprendido en tu día a día. Verás cómo, poco a poco, estas prácticas se convierten en algo natural y pasan a formar parte integral de ti.

No te des por vencido si al principio los cambios tardan en aparecer, sigue adelante con entusiasmo y firmeza. Con esta nueva perspectiva y tus habilidades mejoradas, puedes alcanzar cualquier meta que te propongas.

Recuerda que cada día es una nueva oportunidad para vivir plenamente en el presente y hacer realidad tus sueños.

Solo tú eres el dueño de tu mente y tienes el poder de decidir cómo quieres vivir: disfruta de cada momento de la vida. Si sigues tu camino con pasión y determinación, te esperan grandes logros y una vida llena de tranquilidad y satisfacción.

Me despido con una última cita de la gran Louise L. Hay:

«Yo creo que hay un poder en el interior de cada uno de nosotros. Cuanto más conectes con ese poder que hay dentro de ti, más libre estarás en todos los ámbitos de tu vida».

¡Respira! Y sigue tu viaje.

Un abrazo,
Daniel

Tu opinión es muy importante

Como autor independiente que soy, tu opinión es muy importante para mí y para futuros lectores como tú. Te estaría enormemente agradecido si me dejases **un comentario** en tu plataforma favorita diciéndome qué te ha parecido mi libro **para así poder seguir mejorándolo**:

- ¿Qué es lo que más te ha gustado?
- ¿Hay algo que hayas echado en falta?
- ¿A quién se lo recomendarías?
- ...

¡Un regalo solo para ti!

¿Te gustaría leer **mi próximo libro completamente GRATIS**? ¡Escanea el código que aparece debajo y **apúntate a mi club de lectores**!

Te esperan grandes sorpresas: sé el primero en leer mis nuevos lanzamientos, escucha mis audiolibros de forma gratuita, consigue copias firmadas y dedicadas... ¡y mucho más!

Otros libros de Daniel J. Martin